COLLECTION S. FISCHER

Thomas Brussig

Leben bis Männer

S. Fischer

Collection S. Fischer
Herausgegeben von Jörg Bong
Band 104
Veröffentlicht im Fischer Taschenbuch Verlag GmbH,
Frankfurt am Main, Oktober 2001
Typographie: Iris Farnschläder, Hamburg
Gesetzt aus Excelsior und Helvetica Extended
Druck und Bindung: Clausen & Bosse, Leck
Printed in Germany
ISBN 3-596-15417-0

Ein Fußballtrainer kommt aus den Umkleideräumen auf die Bühne, die einen Fußballacker darstellt. Der Trainer ist über fünfzig, hat kurze krumme Beine und einen Bierbauch. Er schleppt ein riesiges Netz voller Fußbälle auf dem Rücken. Vor seiner Brust baumelt eine Trillerpfeife.

Plötzlich hält er inne, lauscht und schaut zum Himmel.

Ruhig mal! Hörn Sie? Die Autobahn! Kein Lüftchen, und ganz weit die Autobahn – ruhig! Da! – Nachher wird schwer was runterkommen. Im Radio haben sie gesagt, wechselnde Bewölkung. Aber wenn ich die Autobahn hör, bei Windstille, dann kommt was runter, und nicht zu knapp. In spätestens anderthalb Stunden. Wenns Training losgeht. Das erste Training mit der neuen Mannschaft. Und dann gleich Regen.

Er wirft die Bälle ab und beginnt ganz nebenbei das Spielfeld für das Training vorzubereiten; Grasballen eintreten, die Tore aufstellen, Tornetze aus dem Geräteraum schaffen und an den Toren anbringen, Eckfahnen einschlagen, Kreide einfüllen und Linien kreiden, Bälle aufpumpen usw.

Noch nie n Trainer gesehen? Bitte, ich hab nichts zu verbergen. Seh ich aus wie einer, der was zu verbergen hat?

Meine Dame, zugucken gerne – aber nicht einmischen! Frauen und Fußball ist immer prekär. Je emanzipierter, um so schlimmer. Abseits, Libero – das kann man ihnen noch erklären. Irgendwann begreifen sie es sogar. Aber Frauen verstehen nie, wieso Fußball.

Ich bin absolut kein Frauenfeind. Aber Frauen und Fußball – nee. Kennen Sie auch nur eine Fußballtrainerin?

Nennen Sie mir nur eine einzige, und ich halte meinen Mund. Es gibt Fußballtrainer, die nie Fußball gespielt haben – Uruguay ist sogar mal Weltmeister geworden mit einem, der nie Fußball gespielt hat. Das ist alles möglich, aber daß ne Frau Fußballtrainer ist – ausgeschlossen. **schreit** Heiko steht! **normal** Oder vor Gericht. Schon bei der Scheidung ist ne Frau als Richter schlimm, kann ich Ihnen sagen, aber wenn sogar bei diesen sogenannten Mauerschützenprozessen – das muß man sich mal vorstellen! Die hat doch keine Ahnung, wies zugeht in ner militärischen Einheit, mit Befehl und … So ne Richterin weiß doch nicht mal, was Vergatterung bedeutet. Wenn ichs Ihnen sage! Fragen Sie irgendeine Frau, was Vergatterung bedeutet. Nein, nicht irgendeine – fragen Sie die klügste Frau, die Sie kennen, was Vergatterung bedeutet. Ich garantiere Ihnen:

Keine weiß es. Sie glauben, daß sies wissen, aber sie wissens nicht. Und so was darf dann Urteile sprechen. Die versteht doch überhaupt nicht, was es heißt, daß ein Mann an seinen Platz gestellt wird und seine Pflicht zu erfüllen hat. Versteht die nicht. Ein Trainer versteht so was sofort. Und wenn einer rübermachen wollte, wußte der doch, was ihn erwartet. Ist meine Ansicht. Gab auch andere Wege. Mußte doch nicht so nen armen kleinen Grenzsoldaten in Konflikte stürzen. Hätte jeden treffen können. Wehrpflicht, Fahneneid, Befehle – da hatte man keine Wahl als kleiner Grenzsoldat. Da wurden nun mal welche erschossen. Ich sage: leider. Aber die Prozesse, Jahre später – die machten doch keinen mehr lebendig. Und dann ne Frau. Keine Ahnung von Vergatterung. Aber wenn dann die Mutter von dem Vollidioten, ich nenn ihn jetzt mal so, von diesem

Vollidioten, der sich unbedingt erschießen lassen wollte – leider! –, wenn also die Mutter vor Gericht erschien, dann können Sie sich doch denken, wie das lief. Die Richterin sieht die Mutter ... Dann hatte doch so n kleiner Grenzsoldat verloren, der konnte sich doch gar nicht begreiflich machen mit Befehl und Vergatterung ... Ich weiß, wovon ich rede. Ich hab selbst mal in so nem Gerichtssaal gesessen. Nicht auf der Bank, sondern als ganz unbeteiligter, unvoreingenommener Zuschauer. Aber als ich mitgekriegt habe, daß da ne Frau als Richter – also da wars aus. Ich bin kein Frauenfeind, aber es gibt einfach Grenzen. Gibt ja auch keine Fußballtrainerin. schreit Heiko steht! normal Das kann ne Frau doch gar nicht. Die würde kein Mensch hören. Ein Trainer muß brüllen können, sonst braucht er gar nicht erst anzufangen. Ich übrigens brülle nicht. Es sieht aus wie

Brüllen, aber in Wirklichkeit ist es Denken, und zwar sehr leidenschaftliches Denken. Das Brüllen geht ganz von allein, da muß ich gar nichts für tun. Die andern Trainer gucken bloß zu oder sagen alle zehn Minuten mal was, wovon sie fünf Minuten nachdenken, wie sies sagen sollen – nicht bei mir. Meine Spieler wissen, was ich denke, mit minimalster Verzögerung, nur durch die Gehirnströme, ein paar Millisekunden – jeder Gehirnpsychologe oder so was kann das bestätigen! –, Luft holen, und dann ist die Nachricht mit Schallgeschwindigkeit bei den Spielern, dreihundert Meter pro Sekunde, also überschlagsmäßig spätestens in null Komma drei Sekunden. Im Winter sogar noch schneller, weil Schall im Winter, das kann Ihnen jeder Tontechniker oder Physiker bestätigen. Ein paar Millisekunden später hat der Spieler meine Botschaft verstanden und weiß, was zu tun ist. Und ganz unter uns – das ist wirklich der einzige Weg. Wenn die Spieler auflaufen und wissen, es geht um was, da haben sie Angst. Das sind ganz tiefe Urinstinkte. Sie haben Angst, was falsch zu machen, Gegner ist unbekannt, und sie halten die blanken Knochen hin. Da brauchen sie doch einen, der ihnen sagt, was sie machen sollen. Da ist ne klare Anweisung die Erlösung. Ich will Ihnen ein Beispiel bringen, wie dringend ein Spieler ne klare Anweisung will. Ich hab mal zu nem Spieler ganz ruhig gesagt, er soll sich die Schuhe zubinden. Seine Schuhe waren zu. Und was macht der? Hockt sich mitten im Spiel hin und bindet sich die Schuhe zu. War ne volle Minute außer Gefecht gesetzt. Aber jetzt kommt der Clou: Der war von der Gegenmannschaft. Dem fehlte einfach ne klare Anweisung, und von mir hat er eine gekriegt. Das funktioniert aber nur, wenn der andere Trainer kein Platzbrüller ist, sondern ein Kabinenbrüller. Aus Angst, sich zum Maxe zu machen. Ich bin ein Platzbrüller, obwohl ich nicht brülle, sondern denke, leidenschaftlich denke, denke und lenke. Der Stratege am Rand. Der Julius Cäsar der Seitenlinie. Wenn Sie bei einem Spiel plötzlich ganz leidenschaftlich denken, was die Spieler machen müßten – und die Spieler machen das auch, weil Sie der Trainer sind –, nicht zu unterschätzen, das Gefühl, nicht zu unterschätzen. Was ich denke, sehr leidenschaftlich denke, **brüllt** das passiert auch! **normal** Nicht zu unterschätzen.

Das war der Heiko, der mit den Schuhen. Neun war er damals. Als der sich die Schuhe zuschnürte, machten meine ein Tor. Hat der Heiko geweint. Da tats mir natürlich leid – wenn ein Erwachsener was zu nem Neunjährigen sagt, die können das nicht unterscheiden. Der Trainer vom Heiko hat ihn angefaucht: Bist du n Mädchen, oder warum flennste! Da hab ich den Heiko getröstet. Bin doch kein Unmensch. Und weil er immer noch geweint hat und einfach nicht aufhören wollte, hab ich zu ihm gesagt, daß er ein toller Spieler ist, einer wie Jürgen Sparwasser, und daß ich ihn jederzeit in meine Mannschaft nehmen würde. Da hat der Heiko aufgehört zu weinen und ist in meine Mannschaft. Sofort. Hat sich schon in meiner Kabine umgezogen nach dem Spiel. War wie adoptiert. Und den Trick mit dem Schuhezubinden hab ich mir gemerkt, für später. Bei Kindern ist es ja keine Kunst. Aber der funktioniert auch bei den Männern! Klare Anweisungen sind die Erlösung aufm Platz. Wo kämen wir hin, wenn alle Individualitäten wären? Mit diesen ganzen antiautoritären Moden muß mir niemand kommen. Bloß weil Sie vielleicht nen Doppelnamen haben, müssen Sie sich nicht für was Besseres halten als ein Fußballtrainer. Sie wissen doch genau, wenn gespielt wird, kommt das übrige Leben komplett zum Erliegen. Das ist das Fußball-Gefühl! Alle gucken Fußball. Und warum wollen alle Fußball gucken?

Das ist ne interessante Frage. – Es gibt Experten fürs Fernsehen, die von früh bis spät nichts anderes machen, als sich Spiele auszudenken, die im Fernsehen laufen sollen. Die denken sich so was aus wie das Millionenspiel oder Big Brother. Aber das ist noch gar nichts gegen Fußball. So was wie Fußball würden die gern erfinden. Geht aber nicht, weil – es ist schon erfunden.

Ich will Ihnen mal was verraten. Das hat nix mit dem Heiko zu tun – aber das ist ja auch völlig uninteressant für

Sie, mit dem Heiko das. Muß ich ja nicht lang und breit und so. – Fußball. Fußball ist ja nicht das einzige Spiel, wo was mit Ball und Tor und Mannschaft, gibt ja auch Basketball, Rugby, Handball, Volleyball, Eishockey, und, und, und. Wasserball! Aber nur Fußball ist ein Spiel fürs Auge. Sie sehen, wie der Ball läuft, haben immer den Überblick vorm Fernseher, und wenns spannend wird, dann kriegen Sie das auch mit. Nicht so wie beim Eishockey, wo kein Mensch sieht, wie ein Tor fällt. Wenn die Spieler die Arme hochreißen, dann weiß der Zuschauer: Ah, ein Tor ist gefallen. Na ja. Ist ja auch idiotisch, ein Spiel mit diesem viel zu kleinen Puck. Ist doch nix fürs Auge. Ein Ball, ein FUSSBALL – das ist was fürs Auge.

Außerdem ist ein Fußballspiel fast immer spannend. Nehmen Sie Volleyball: Da kommt die Aufgabe, dann Stoppen, Zuspiel, Schmettern. Da ist ein Spiel wie das andere. Haben Sie je ein Volleyballspiel gesehen, wo Sie noch Jahre später sagen: Ja, das war doch dieses … Oder wenn Sie mittendrin mal aufs Klo müssen und kommen zurück in die Halle, dann schauen Sie auf die Anzeigetafel, sehen den Spielstand und wissen Bescheid. Aber Sie kommen nicht auf die Idee, Ihren Nachbarn zu fragen, ob Sie was verpaßt haben. Der wird Sie wahrscheinlich angucken wie … Und wenn Sie nichts verpaßt haben, weil Sie nichts verpassen können – warum schaun Sie es sich überhaupt an? Na, Sie schaun sichs ja nicht an. Genauso wenig wie Handball: Die eine Mannschaft greift an, die andere verteidigt, und dann spielen die sich am Kreis – Kreis! Das heißt Kreis, obwohl kein Mensch weiß, was an diesem Kreis ein Kreis ist! Ist auch kein Halbkreis, eher ein Halb-Ei … Beim

Fußball *ist* der Mittelkreis ein Kreis! – Da spielen also die Angreifer den Ball hin und her, hin und her, ewig geht das, und das Publikum klatscht mit, wie beim Parteitag. Wie beim SED-Parteitag, wenn Ihnen das was sagt. Mich haben die da mal hingeschickt. Vom Betrieb aus. Gut, dachte ich, schaden kanns nicht. Die Hälfte von denen, die da saßen im Palast der Republik, waren, ich will mal sagen, einfache Menschen. Ganz normal. Mitklatschen war angesagt und bloß nicht einschlafen. Alles klatschte im Rhythmus, obwohl es total langweilig war. Beim Handball gehts genauso zu. Wenn schließlich einer wirft, wird es Tor oder nicht – und das ist auch ein Problem vom Handball. Beim Handball fallen zu viele Tore, vom Basketball ganz zu schweigen – aber beim Fußball kann ein einziges Tor die ganze Situation auf den Kopf stellen. Drei Minuten vor Schluß, es steht zweizwei, und dann fällt ein Tor, das ist doch schicksalsentscheidend! Aufstieg oder nicht, in eine ganz andere Liga vorstoßen oder nicht, die Krönung eines Lebenswerkes, nur wegen einem einzigen Tor! Beim Handball ist es scheißegal, ob ein Tor fällt oder nicht. Und wenns sowieso egal ist, braucht man gar nicht erst anzufangen.

Und dann ist noch ein einfacher Grund, und das ist wegen den Regeln. Es ist wichtig, daß man von einem Spiel die Regeln versteht. Wenn man nicht versteht, was läuft, ist es auch nicht spannend. Fußball ist so einfach, daß es ein Sechsjähriger kapiert. Wenn im Stadion einer aus Amerika neben Ihnen sitzt, Amerika, sag ich jetzt mal so, dann müssen Sie ihm nur erklären, warum der Schiedsrichter pfeift, und dann hat der nach einem einzigen Spiel für den Rest seines Lebens die Fußballregeln begriffen. Wenn er helle ist, begreift er sie sogar allein, ohne daß einer daneben sitzt. Aber umgekehrt klappt das nicht: Was bei denen der Nationalsport ist, Baseball – da kann man die Regeln nicht vom Zuschauen verstehn. Nicht nach einem und auch nicht nach hundert Spielen. Ich guck manchmal nachts Sport. Ich guck gern nachts fern! Nicht nur wegen der Werbung, ist klar, daß sie diesen Schweinekram tagsüber nicht senden können, wenn das Kinder sehn, das ist doch nix, oder wenn die dann plötzlich auf die Idee kommen würden, so ne Nummer anzurufen. Dann haben Sie so ne Rechnung und nicht mal selbst ... Telefon macht was aus. Meine Rechnung ist immer hoch, also jetzt nicht nur deswegen, aber was man als Trainer immer der Mannschaft hinterhertelefonieren muß ... Ich, bei meiner Telefonrechnung, hab immer gedacht: Mensch, von denen müßte man Aktien haben. Die stiegen und stiegen. Bei achtzig bin ich rein, dann gingen sie rauf auf hundertdrei, und jetzt sind sie schon ein halbes Jahr unter dreißig … Wie bin ich jetzt darauf gekommen? Richtig, wegen Baseball, wo man die Regeln nicht versteht. Nicht mal, wenn man im Stadion neben einem Amerikaner sitzt und sie einem erklärt werden. Weil – die verstehn ja selber nicht die Regeln. Tatsache. Es gibt keinen Amerikaner, der die Regeln der amerikanischen Nationalsportart kennt. Ich bitte Sie – das will ne Weltmacht sein? Wenn die nicht mal die Regeln von ihrem eigenen Nationalsport kennen, was haben die denn überhaupt für ein Verhältnis zu Regeln? Frag ich jetzt mal so! Der Engländer, Fußball, klare Regeln, klare Sache. Als der Adolf denen Coventry zerdonnert hat, ist der Engländer auf Hamburg und Dresden los. Lag einsnull zurück, der Engländer, hats aber drehen können: zwei – eins. Aber der Amerikaner, der schmeißt zweimal die Atombombe, wegen Pearl Harbor. Aber eigentlich wegen Baseball. Der Amerikaner schert sich null Komma nichts um Regeln, hat er ja auch nie gelernt, bei seinem Baseball. Könnse mal nem Botschafter erzählen, da kommt der bestimmt ins Grübeln.

Die Länder sind nämlich allesamt so wie ihr Nationalsport. Bei den meisten ists sowieso Fußball – also wissen Sie alles über die Brüder, wenn Sie beim Fußball hingucken. Das ist meine Theorie, und die stimmt. Ich muß nicht in der Welt rum, Geld ausgeben für Flüge nach sonstwohin, London, Madeira oder Mexiko. Wozu gibts Fernsehen? Ich guck mir hier die Spiele an, das langt. Solln doch die andern in der Weltgeschichte herumgondeln. Bringt doch nichts. In Mallorca haben im Sommer die Busfahrer gestreikt. Schönen Urlaub wünsch ich, mit Kofferschleppen, vom Hotel zum Flughafen. Typisch für Spanien, wie die versprengten Provinzen das große Land immer wieder an den Rand des Abgrunds bringen. Jede Provinz hat ihre eigene Terrorgruppe und ihre eigene Fußballmannschaft, die international mitspielen kann. Aber in der Nationalmannschaft läufts nie bei den Spaniern. Die Klubs ganz groß, die Nationalmannschaft immer unter ferner liefen. Und so sind auch die Busfahrer auf Mallorca: Machen für sich dolle Abschlüsse, aber daß die gesamte Touristikbranche in Spanien imagemäßig in die Knie geht – das interessiert die Busfahrer auf Mallorca nicht. Sehnse!

Ich muß ja nicht ununterbrochen über Heiko reden. Ich meine, ich hab nichts zu verbergen. Ich stehe da jederzeit

Frage und Antwort, aber meine Theorie über Fußball und Nationalcharakter, von Anfang an, seit es Fußball gibt – da nehmen Sie noch was zum Nachdenken mit nach Hause. Sie haben nämlich garantiert keine Vorstellung, wie die ersten Fußballspiele aussahen. Haben Sie nicht. Aber ich kanns Ihnen sagen: Die ersten Fußballspiele waren ein einziges Gerenne. Die ganze Meute hetzte sich einen ab, dem Ball hinterher, bis zur totalen Erschöpfung. Der Engländer erkannte zuerst, daß es clever ist, den Ball laufen zu lassen, und nicht den Mann. Der Engländer hat einen großzügigen, weiten Paß geschlagen und aus der Ferne zugeschaut. Fußball im Kolonialherrenstil. Das sicherte dem Engländer eine jahrzehntelange Vormachtstellung. Am liebsten spielte der Engländer gegen den Schotten, und das war für den Schotten immer demütigend.

Der Schotte empfindet den Engländer traditionell als Besatzer, und so wollte sich der Schotte was einfallen lassen, um die englische Überlegenheit zu brechen, ohne den Stil der Besatzer zu kopieren. Also ersann der Schotte den schottischen Flachpaß – fußballmäßig dasselbe wie schottischer Geiz: kurze, knappe Pässe, was natürlich völlig neue Anforderungen an die Präzision stellte. Daß der Schotte den Flachpaß braucht, um überhaupt mitspielen zu können, zeigt sich bis heute beim Wetterbericht: Immer sind es schottische Sturmtiefs, die uns am Wochenende erreichen werden, das kann Ihnen jeder Diplom-Meteorologe oder jeder Wetterkartenheini bestätigen: schottische Sturmtiefs. Weite, hohe Bälle waren einfach nichts fürs stürmische Schottland. Ganz ungemütliches Land. Wer kann, wandert aus. In Schottland selbst leben ja die wenigsten Schotten überhaupt, aber das nur am Rande. Da wächst auch kaum was, außer Krüppelkiefern.

Denen würden die Augen übergehen, bei uns, in der Börde. Wir in der Börde haben ja die fettesten Böden in Europa. Wer unsern Boden in die Hand nimmt, vergißt es nie: schwarz vom Humus, schwer vom Lehm, viel Löß und Wasser. So n Boden gibts nirgends sonst. Wenn die Freunde gewußt hätten, was wir für Böden haben in der Börde, die hätten die ganze Börde abgetragen, als Reparation, und bei sich in der kasachischen Steppe ausgekippt. Aus der Wismut haben die Freunde ja einen einzigen Selbstbedienungsladen gemacht, wegen Uran. Ne Mondlandschaft hamse zurückgelassen. Wenn sich neunzehnfünfundvierzig auch nur ein sowjetischer Offizier gebückt hätte, um sich ne Handvoll von unserm Boden genau anzuschaun, dann hätten wir jetzt die Steppe oder die Mondlandschaft. Und daß wir später unsere Börde nicht waggonweise an den Westen verkaufen mußten, grenzt an ein Wunder. Damals haben unsre ja alles zu West gemacht, Export, Export, alles sollte in den Export. Wieso sie die Börde vergessen haben zu exportieren, den besten Boden Europas – waren eben auch bloß Menschen, die Parteiniks, vermute ich mal.

Bei uns wächst alles: Zuckerrüben, Weizen, Kartoffeln, Zwiebeln, Kohl. Was da alles los mußte, um das von den Feldern zu holen. Ganze Batterien von Mähdreschern und Traktoren und Kombinen ... Allein der Maschinenpark war ein Riesenbetrieb. Hieß »Tatkraft Börde«. War meine Bude. Und mein Verein: »BSG Tatkraft Börde«!

Eines Tages dann Sportunfall, Meniskus im Eimer. Aus.

Konnt nicht mehr spielen, von einem Tag auf den andern. Hatte sofort zehn Kilo mehr drauf. In meinem Job konnt ich auch nicht mehr arbeiten. Mußt ich einen auf Lehrausbilder machen. Da hat sich noch keiner totgemacht als Lehrausbilder, hat sich noch keiner totgemacht. Ich konnt nebenbei sogar die Kindermannschaft von Tatkraft Börde übernehmen, als Trainer. Mein Sohn war gerade in dem Alter, den hab ich gleich mitgenommen. Und wollt mit der Mannschaft immer mitwachsen: Kinder, Knaben, Schüler, Jugend, Junioren – bis Männer. Mein Junge – also mein Sohn – war eineinhalb Jahre in der Mannschaft. Dann kam die Scheidung, er kam zu ihr – und sie hat ihm verboten, weiter zum Fußball zu gehen. Nun stand ich aber da mit der Mannschaft … Verstehen Sie, ich konnte mich doch nicht einfach hinstellen und sagen: Weil mein Sohn nicht mehr bei euch mitspielen darf, trainier ich euch nicht mehr. Was istn das für ne Einstellung? Und warum soll ich nicht mit euch mitwachsen, wenn schon nicht mit meinem Sohn? Ihr seid mir doch auch ... ans Herz gewachsen. Und so bin ich Trainer geblieben. Kinder, Knaben, Schüler, Jugend, Junioren – bis Männer.

Deshalb hab ich mich auch nie Übungsleiter schimpfen lassen. Was nur ein paar Lehrgänge mitgemacht hatte, durft sich Übungsleiter schimpfen, ein Trainer mußte richtig studieren, an der DHfK. Aber einer, der jahrelang, jahrzehntelang bei seinen Jungs bleibt – Kinder, Knaben, Schüler, Jugend, Junioren bis Männer, der mit ihnen mitwächst wie, ja, wie elf Söhne sollt ihr sein –, hat der es verdient, daß der sich nur Übungsleiter schimpfen darf, nach dem Motto: Übt heute mal dies, übt morgen mal das, und übermorgen kommt vielleicht ein anderer? Nee, nicht mit mir, ich bleibe bei der Mannschaft.

Die Mannschaft war mein ein und alles. Andere haben eine Familie, ich hatte Tatkraft Börde. Meinen Sohn zum Beispiel, den durft ich nur am Sonntag sehen, vom Gericht aus. Aber sonntags wurde auch gespielt. ... Ging nicht. Konnt mich überhaupt nicht auf ihn einlassen. Mußte ständig an die Mannschaft denken. Oder im Sommer neunzig: Heiko, fünf Tage London für vierhundertvierundvierzig Mark. Noch mit DDR-Paß. Ich nicht. Ich laß mich doch nicht von den ihre Kontrolle angucken wie ein Asylbewerber. **Macht vor, wie er seiner Meinung nach für seinen DDR-Paß angeguckt worden wäre** Der Engländer ist ja bekannt für seine Hochnäsigkeit, und zwar seit jeher. Jahrzehntelang hielt es der Engländer nicht für nötig, bei Weltmeisterschaften anzutreten. Was ihn keineswegs daran hinderte, gleichzeitig zu behaupten, den besten Fußball zu spielen. Das ist typisch für den Engländer, dieser unglaubliche Dünkel gegenüber allem, was außerhalb seiner Insel passiert. Vor allem das Verkehrswesen ist eine einzige Unverschämtheit. Alle Welt hat Rechtsverkehr, nur den Engländer macht es aus unerfindlichen Gründen glücklich, seinen Wagen nun ausgerechnet auf der linken Straßenseite zu fahren. Hier lernt jedes Kind, daß es nach links schauen muß, wenn es auf die Straße will – aber in England kommen Sie mit dieser Regel garantiert unter die Räder. Und deshalb hab ich im Sommer 90 ständig an Heiko gedacht, als er in England war, fünf Tage London, für vierhundertvierundvierzig Mark: Paß bloß auf, hab ich gedacht, die Mannschaft braucht dich – schau *erst* nach rechts, *dann* nach links –, und schon bin ich in ein Auto gelaufen. Ein VW Derby für sechstausend Mark, wo die Bremsen nicht funktionierten. Damals wollten ja alle einen Westwagen, koste es, was es wolle.

Der Heiko kam jede Woche ins Krankenhaus. Mein Sohn nie. Neun Wochen war ich außer Gefecht, Saisonauftakt verpaßt, und als ich wieder da war, hatten meine schon drei Packungen gekriegt, und ich hatte wieder zehn Kilo mehr. Das neue Freßzeug, das du für West kaufen konntest – böse, böse. Es war überhaupt ne schwere Saison. Meine Bude hatte zu kämpfen, Lehrausbildung machte als erstes dicht, und ich stand da ohne Arbeit. Und den Verein konnte sich meine Bude auch nicht mehr leisten. Wir brauchten einen Sponsor. Jeder Verein im Osten brauchte damals einen Sponsor. Aber welcher Sponsor läßt sich mit ner

Mannschaft ein, die mit drei verlorenen Spielen startet? Kein Sponsor, kein Geld! Nur wegen dem Linksverkehr! Es werden jedes Jahr aufs neue Berechnungen angestellt über die Kosten des Linksverkehrs. Wobei wir noch ein kleiner Fisch sind. Aber fragen Sie mal die Autoindustrie, wie es der gefällt, daß der Engländer sein Steuer auf der rechten Seite montiert haben will. Da kann man doch keine Aktien kaufen, wie das die Gewinne drückt! Das geht in die Milliarden! Den Engländer kratzt das wenig. Beim Euro macht der Engländer ja auch nicht mit. Ich hätt auch nicht mitgemacht, aber daß ausgerechnet der Engländer ausschert – typisch. Damals keine Weltmeisterschaften und heute kein Euro. Nichts gelernt hat der Engländer, obwohl es schon damals ein böses Erwachen gab. Bis weit nach dem Zweiten Weltkrieg hielt sich der Engländer für unschlagbar, zumindest auf dem eigenem Territorium – bis die Ungarn kamen und sechsdrei siegten. Sie müssen sich das vorstellen: Das Empire war gerade zusammengebrochen, Rommel hat in Afrika gemacht, was er wollte, Gandhi in Indien – und nun, aller guten Dinge sind drei, kommt Ungarn, nach englischen Maßstäben ein Kleinstaat, und schießt den Engländer in Wembley sechsdrei zusammen. Die Engländer wußten nicht mehr, wo oben und unten ist. Ungarn war rein fußballgeschichtlich ein Ableger des legendären Wiener Wunderteams, wo sich wienerische Beschwingtheit mit balkanesischer Heimtücke paarte. Alles, was die Donau hochgeschippert kam, wurde aufgestellt – Makedonier, Zigeuner, serbokroatische Schlitzohren, alle möglichen dunkeläugigen Blutsvermischungen. Ich hab mal einen von diesen Brüdern erlebt – eigentlich nur einen halben. Mutter war von hier, aber der Vater Bulgare. In der Börde waren Mischehen mit Ausländern ja eher die Ausnahme, daher war dieser Halbbulgare schon was Besonderes. Wenn der am Ball war, hatten meine ganz schön zu tun. Schnell war der, gelenkig, immer für ne artistische Nummer gut. Konnte alles durcheinanderwirbeln, Trick siebzehn, und hat sich nie freiwillig vom Ball getrennt. Und wenn er ihn loswurde, hat er gelacht. Und das war nur ein halber Balkanese. Stellen Sie sich von der Sorte elf gegen England vor. Ordnung konnten die nicht halten, die Ungarn von Wembley, das Zügellose lag denen im Blut. Schon die Namen! Eine Mannschaftsaufstellung wie elf ungarische Hochzeitstänze: Puskas, Hidegkuti, Budai, Czibor ... Gestürmt wie die Blöden, und immer ne Menge Tore geschossen – aber ohne System. Ihr System war, kein System zu haben. Erst Herberger hat diesen Balkanfußballern im vierundfünfziger WM-Finale gezeigt, daß es so nicht geht. Zwei Jahre später haben die Ungarn ihren Aufstand verloren, und danach hat man nichts mehr von ihnen gehört.

Was Sieg oder Niederlage psychologisch im Volk anrichten, kann man gar nicht überschätzen. Nehmen wir das Sparwasser-Tor. Sparwasser hat viele Tore gemacht, aber nur eins wurde das Sparwasser-Tor. Vierundsiebzig bei der WM hat er gegen den Westen das Einsnull für die DDR gemacht. War eine Riesen-Sensation. Hat ja damals keiner mit gerechnet, daß die DDR den Westen schlägt. Zuallerletzt die DDR selber. Heinz-Florian Oertel hat nicht mal von der BRD-Nationalmannschaft sprechen dürfen, sondern nur von der DFB-Auswahl. Damit die DDR nicht gegen die BRD verliert, sondern nur gegen den DFB. Nach dem Spiel traute sich Oertel zu sagen, daß die DDR die BRD besiegt hat. Erst der Sieg der DDR hat den DFB zur BRD gemacht! Aber das nur am Rande. Sparwasser spielte beim 1. FC Magdeburg, war aus unserer Gegend hier, aus Halberstadt. Im Nachwuchsbereich wurde ich sicher auch mal gegen ihn aufgestellt. So groß ist die Welt ja nun auch nicht, und wir sind derselbe Jahrgang, der Jürgen und ich. Und bevor er weltberühmt geworden ist, haben wir garantiert mal gegeneinander gespielt. Für die Kinder von Tatkraft Börde war ich damit ein Halbgott. Denn Sparwasser war Gott. Wir sind damals überrannt worden von Kindern, die Sparwasser werden wollten. SparwasserSparwasser-Sparwasser. Was das Sparwasser-Tor allein im Nachwuchsbereich auslöste – da ist der Urknall ein Scheißdreck dagegen. Und ich habe mir gesagt: Das machste psychologisch, die Begeisterung mußt du nutzen, die Sache mußt du am Kochen lassen. Mit der Mannschaft wächst du mit, da bleibst du dran, kennst die Vorgeschichte, die Entwicklung – das sind von jetzt an deine Jungs. Das war der beste Moment, um als Trainer anzufangen. Sparwassers erster Trainer war ja der eigene Vater. Aber wenn du plötzlich deinen eigenen Sohn nicht mehr trainieren darfst, dann mußt du eben für die übrigen Spieler wie ein Vater sein. Heiko hin oder her – die anderen konnten sich das auch verdienen.

Er blickt zum Himmel.

Das zieht sich zusammen, genau über uns. Das bleibt hier stehen und kommt dann runter. Die Natur, die zieht ihr Ding durch, wie sie will. Das ist eine Macht, dagegen bist du gar nichts. Wissen Sie, worüber ich jedesmal staune? Wenn hier im Winter alles unter Schnee liegt, und es beginnt zu tauen, und alles fängt wieder von vorn an. Ja, über so was staune ich. Die Natur, die kann das. Immer wieder alles enden lassen und immer wieder alles anfangen. Als wäre nichts geschehen.

Nachher, die neue Mannschaft, erstes Training. Mit der alten Mannschaft habe ich vierundsiebzig angefangen. Vierundsiebzig wurde endlich wieder richtig in die Offensive gegangen, nachdem ja über Jahrzehnte hinweg keine Tore geschossen wurden. Besonders der Italiener war berüchtigt für seine strikte Weigerung, Tore zu schießen. Spielte gnadenlos seinen Einsnull-Fußball: Hinten machen wir dicht, und vorn hilft uns der liebe Gott. Vom Zeitschinden gar nicht zu reden. Der Aufschwung in der italienischen Schauspielkunst damals – Gina Lollolollo oder Claudia Cardinale –, der griff auch auf die Fußballplätze über. Der gefoulte Italiener litt zum Steinerweichen, wenn er in Führung lag. Aber 1974 bei der WM drüben, stellt sich ausgerechnet der Holländer hin und erklärt den totalen Fußball. Das muß man sich mal vorstellen! Der Holländer hatte sich fünfundvierzig ja nicht selbst befreit und war demzufolge vom Erfolg der deutschen Methoden ungebrochen überzeugt. Für den Holländer hatte Deutschland den Krieg ja nicht verloren – vielleicht hat ers deshalb genau wie der Deutsche versucht. Totaler Fußball bedeutet, daß jeder an die Front muß – und die ist überall. Verteidiger stürmten, und Stürmer verteidigten. Und alles wurde niedergemacht, Argentinien, Brasilien, die Sparwasser-Elf. Ein Turnier wie ein Feldzug. Nirgends ernsthafter Widerstand.

Im Finale lag der Holländer schon nach einer Minute vorn. Aber totaler Fußball bis zum Endsieg – das ging nicht mehr nach achtundsechzig, das kam gar nicht gut an bei den langhaarigen Spielern von drüben. Da mußte der Westen ja gewinnen! Wollten doch zeigen, daß sie was gelernt hatten aus der Vergangenheit!

Mit den Lehren aus der Geschichte, damit hamses. Diese Richterin da von dem sogenannten Mauerschützenprozeß, das war garantiert auch so eine. Aber ich will Sie mal was fragen: Kennen Sie Pinoschett oder Pinoché oder wie der heißt, der aus Chile? Nee, war gar nicht fein, was der angestellt hat. Aber als es vorbei war, hieß es: Schwamm drüber. Ja? Schwamm drüber. Die Toten machts nicht mehr lebendig, und außerdem ist er n alter Mann. Die Chilenen, ein uraltes Volk, jahrtausendealte Tradition, Mayas, Inkas,

Azteken – alles. Hats schon zig Ausstellungen drüber gegeben. Die werden schon wissen, warum diese Schwammdrüber-Nummer. Das sind die Lehren aus der Geschichte, Frau Richterin. Ob es Ihnen nun paßt oder nicht! Und der Heiko fing wegen Sparwasser mit Fußball an, und nicht, weil der Westen Weltmeister wurde. So siehts doch aus!

Mit ner Frau als Richter haben Sie nichts zu lachen. Bei meiner Scheidung bin ich mir vorgekommen wie ein asoziales Element. Fragt mich die Richterin, ob mir Fußball wichtiger ist als meine Frau. Ein Mann hätte erst mal gefragt: Ist es denn so schlimm, daß sich Ihr Mann für Fußball interessiert? Aber wenn es nur darum geht, über unsern Fußball zu Gericht zu sitzen, dann können Sie sich ja denken, was ich von der Emanzipation halte.

Also mußte ich sagen, ob mir Fußball wichtiger ist als

meine Frau. Ich hab gesagt: Ja. Ich konnte nicht anders. Und wenn meine Frau hundertmal sagt, daß sie mich liebt. Fußball ist mir einfach wichtiger als alles. Dafür hab ich mich gefühlt wie ein asoziales Element. Ich weiß wirklich nicht, wie man Zeit mit Familie verbringt. Spazieren? Oder reden? Das ist doch nur Zeittotschlagen, nur Getue. Das läßt sich überhaupt nicht mit Fußball vergleichen. Fußball ist einmalig. Es ist bescheuert, aber es ist so.

Und besonders bescheuert war es mit der DDR. Ich hatte es ja mit der DDR, und das war mein Unglück. Vierundsiebzig waren unsere bei der WM dabei und haben den Westen geschlagen, und das Fernsehen hat Bilder von DDR-Fans gezeigt, DDR-Fans im Hamburger Volksparkstadion! Bin ich am nächsten Tag zu meinem Parteinik und hab gesagt: Ich bin Fußballtrainer, und ich will auch als Fan zu ner WM. Da hat der mich angeguckt und gesagt: Die waren bestimmt alle in der Partei. Sag ich: Wenns weiter nichts ist – und schon wars passiert. Hatt ich dann auch das Bonbon am Revers und jeden Montag Versammlung. Aber nach nem Jahr kommt der Parteinik zu mir, legt mir die Hand auf die Schulter und sagt: Genosse, bei der nächsten Welt- oder Europameisterschaftsendrunde mit DDR-Beteiligung bist du dabei. Parteiversprechen auf Ehrenwort. Im Klartext: Ich war auserwählt! Eine Westreise für einen einfachen Arbeiter und kleinen Fußballtrainer! Die Parteiniks hatten wirklich Macht. Ich geb Ihnen mal ein Beispiel: Als der 1. FC Magdeburg Europapokalsieger wurde, sagte auf irgend nem Empfang der Trainer von denen, Heinz Krügel, über den Parteinik vom Bezirk Magdeburg: Den kennt niemand, aber mich kennt ganz Europa. War Krügel sofort weg vom Fenster. Hat nie wieder als Trainer gearbeitet. Die hatten wirklich Macht. Und wenn die sagen, ich darf, dann darf ich auch. Die DDR mußte sich nur qualifizieren, den Gefallen mußte sie mir tun. Aber sie schafften es nicht. Nicht 1976 nach Jugoslawien, nicht achtundsiebzig nach Argentinien, nicht achtzig nach Italien, nicht zweiundachtzig nach Spanien, nicht vierundachtzig nach Frankreich, nicht sechsundachtzig nach Mexiko, nicht achtundachtzig in den Westen – und neunundachtzig fiel die Mauer. Ich sage Ihnen, ich hatte viel Zeit, diese Mannschaft hassen zu lernen. Ich hätte nach Argentinien fliegen dürfen oder nach Mexiko, wenn … In allen anderen Sportarten waren sie doch gut, unsere Sportler, Schwimmen, Leichtathletik, Rudern, Katarina Witt – ging immer an unsre. Aber beim Fußball sind sie in der Qualifikation rausgeflogen. Ob die wußten, was die mir damit antun? Mexiko, Italien, Frankreich – ich bin in die Partei eingetreten dafür, ich hab mich sogar zu nem Parteitag schicken lassen –, und dann, im entscheidenden Spiel gegen Österreich, ein Sieg mußte her, dreizehn Minuten vor Schluß, steht einseins, die Flanke von Löwe, und Riediger, frei vorm leeren Tor – Koncilia geschlagen, Pezzey geschlagen –, nickt das Ding an den Pfosten! Jeden Fehlpaß der DDR habe ich persönlich genommen. Ich konnte doch nicht raus! *Die* hatten ja ihre Freundschaftsspiele in Brasilien und überall, und die mußten dafür nicht in die Partei eintreten oder auf Parteitagen rumsitzen.

Und nach achtundachtzig war alles egal. Neunzig hatten es unsre wieder nicht geschafft. Der Westen wurde Weltmeister. Mit Beckenbauer als Trainer. Meint der nach der WM, daß die Deutschen, verstärkt mit den Spielern aus dem

Osten, auf Jahre unschlagbar wären. Der ahnte ja nicht, wen er sich da einhandelt, mit unseren notorischen Qualifikationsversagern.

Im Sommer neunundachtzig sind vier von meinen Spielern über Ungarn weg. Sparwasser ist schon Anfang achtundachtzig drüben geblieben. Altherrenmannschaft vom 1. FC Magdeburg, Saarlandreise. Das war ne andere Zeit plötzlich. Sparwasser hatte ja vierundsiebzig ein Angebot von Bayern München. Er ist hiergeblieben. Und jetzt?

Am schlimmsten wars, als die Mauer gefallen war. Da stellte sich die Sinnfrage. Bloß, weil neue Zeiten über uns hereinbrechen, darf man doch nicht gleich alles aufgeben! So eine Mannschaft wie uns, so was gibts doch heute gar nicht mehr in der modernen Welt, wo alles nur drunter und drüber geht, mit Börse, Internet, den Genen, doppelter

Staatsbürgerschaft, den ganzen Politikern, den Banken, den Multis, Joint Ventures, und, und, und. Ich habe immer wieder meinen Jungs gesagt, daß wir nicht nur Fußball spielen. Wir trotzen den Zeiten, die immer gegen uns waren, immer. Wir sind eine Mannschaft, wo jeder seinen Platz kennt, wo alle an einem Strang zu ziehen haben, wo Geschlossenheit und Disziplin herrschen. Wir brauchen keine individualistischen Einlagen von einem vermeintlichen Genie, wie es ihm paßt. Wenn jeder nur macht, was er will, muß er nicht in ne Mannschaft. Da soll er Tennis spielen, Boris Becker, da kann er machen, wozu er Lust hat. Und gerade in der heutigen Zeit, wo jeder nur individuell-kreativ sein will, muß man lernen, sich unterzuordnen. So wie der Heiko. Der wollte nie für sich glänzen, mit dem gabs nie Probleme. Aber mit den andern. Und damals besonders. Plötzlich war alles andere wichtig, nur die Mannschaft nicht. Die machten ihre Kurse in Bayern als Versicherungsvertreter oder machten einen auf Gebietsleiter Ferrero und waren nur noch unterwegs. Ich konnt froh sein, wenn ich am Sonntagnachmittag elf Mann aufstellen konnte. Aber wozu klagen – andern gings auch nicht besser. Zweiundneunzig mußte sogar der dänische Nationaltrainer seinen Spielern in den Urlaub hinterhertelefonieren. **Imitiert den dänischen Trainer** … Ja Sören … Möchtest du vielleicht mitspielen, bei Europameisterschaft … Übermorgen … Wir von Dänemark soll einspringen, für Jugoslawien … Dürfen nicht, wegen Krieg, nein dürfen nicht, ist Krieg in Jugoslawien, hat UEFA gesagt …

Der kriegte seine Mannschaft zusammen und wurde Europameister. Schlug im Finale den Westen mit zweinull.

Gut, Sammer war dabei, aber im Grunde wars der Westen. Da machte Fußballgucken wieder Spaß! Der hat mir imponiert, der dänische Trainer. Wußte doch, wies ist, die Mannschaft zusammenzukriegen. Ist nicht leicht. Sogar wenn ich sie zusammen hatte, fielen Spiele aus. Weil auch die anderen – ja? Oder – manchmal fielen Spiele aus, weil es keine Schiedsrichter mehr gab. Du kannst ja nicht ohne Schiedsrichter spielen, aber die Schiedsrichter machten auch alle einen auf ... Einer war plötzlich Lokalreporter! Der hat sich für ein Schweinegeld ne Videokamera gekauft und hat gefilmt, fürs Fernsehen. Zum Beispiel, wenns wieder Ärger gab mit den Ausländern, dann hat der das gefilmt. Das Spiel, das der zu pfeifen hatte, war ihm egal. Und das war oft! Samstagabend war immer Disco, die jungen Leute, die vor Kraft nicht laufen können, saufen sich einen an – vertragen ja auch nix! –, und dann war der Ärger programmiert. Samstagnacht bekamen die Ausländer die Jacke voll, und Sonntag, wenn wir spielen wollten, war der noch beim Filmen. Na, kann ich ja auch irgendwie verstehen. Wenn du ne Kamera abstottern mußt – als Schiri kommt ja nichts rum.

Ich habs mit nem Sportgeschäft versucht. Die Aktien von Adidas, Puma, Reebok **sprich: Rehbock** gingen nur nach oben. Dachte, ein Sportgeschäft ist ne gute Idee. Aber an vorderster Front habe ich lernen müssen, wie die Wirklichkeit aussieht. Rollschuhe sollt ich verkaufen, Rollschuhe und Skateboards, bei den Straßen! Oder so Glitzerhosen, als ob ich die Schwulenfiliale von Beate Uhse wäre. Und immer hab ich was von Fun **sprich: Fuhn** gelesen. Ist englisch. Soll Spaß heißen. Seit wann hat Sport denn was mit Spaß zu tun? Sport ist Schwitzen, und aus. Aber das Schlimmste war der Computer. Das Ding funktionierte praktisch nie. Hatte zu kämpfen bis zur Pleite. Streß pur! Wieder zehne druff. Die Kunden für so n Sportgeschäft, also die tüchtigen Jungen, sind alle weg und haben im Westen Arbeit gesucht. Und von Baseballschlägern allein kannste auf Dauer auch nicht überleben.

Soll ich Ihnen sagen, wie Sie sich fühlen, wenn Sie keine Arbeit mehr haben? Sie fühlen sich wie n Ball, aus dem die Luft raus ist. Solange Sie Arbeit haben, haben Sie ne innere Spannung, da rollen Sie, da springen Sie, da laufen Sie – da kommen Sie kaum zur Ruhe. Aber wenn Sie keine Arbeit mehr haben – da ist die Spannung, die innere, die ist weg. Da fühlen Sie sich schlaff und leer. Sie bleiben liegen wie ein Ball, in dem keine Luft mehr ist. Damit will doch keiner spielen, da tritt man doch höchstens mal dagegen. Und das entgeht Ihnen nicht. Alles, was Sie machen wollten, wenn Sie erst Zeit haben – das können Sie nicht. Sie können sich einfach nicht aufraffen. Es gibt keinen Rhythmus, keinen Antrieb, und alles, was Sie früher nebenbei gemacht haben, ist plötzlich der Höhepunkt des Tages. Zum Briefkasten gehen. Tüte Milch kaufen. Nägel schneiden. Sie wünschen sich sogar – ich sags Ihnen, wies ist –, Sie wünschen sich sogar, krank zu werden, damit Sie etwas haben, womit Sie sich beschäftigen können. So siehts aus. Aber das dürfen Sie niemandem erzählen, weil Sie sonst als Jammerlappen dastehn. Und nach spätestens anderthalb Jahren fangen Sie auch an, auszusehen wie ein Ball, in dem keine Luft mehr ist. Keine Gedanken mehr drin. Gesicht wird leer und schlaff. Ich kanns einem Menschen ansehn, ob er Arbeit hat oder nicht. Ich spiel immer Arbeitslose rauskriegen: Der ist. Der auch. In unserer Gegend gibts massig Material.

Die besten Fußballer sollen ja aus den Slums kommen. Wenn das stimmt, gibts in Deutschland bald tolle Spieler.

Stimmung wurde immer mieser. Haben unsern nicht die Länderspiele angerechnet. Hieß zwar Wiedervereinigung und hieß auch Deutscher Fußball Bund, aber die ham beim DFB symbolisch die ganze Statistik in den Papierkorb geschmissen. Wer hundert Länderspiele hat, ist im Klub der Hunderter. Wir hatten zwei: Joachim Streich vom 1. FC Magdeburg und Jürgen Dörner von Dynamo Dresden. Der Westen hatte nur Beckenbauer. Also zweieins für uns. Aber daß Ostler die deutsche Fußballstatistik anführen, ist für Westler nicht hinnehmbar. Mußte sich der DFB in Frankfurt am Main was einfallen lassen. Daß Streich und Dörner Deutsche sind, daran war nicht zu rütteln. Also haben sie ihre Länderspiele einfach nicht anerkannt. Und die von den andern DDR-Spielern auch nicht. Gab einen Riesen-Stunk deswegen im Osten. Denn vom Prinzip her ging es allen wie Streich und Dörner. Mit einem Wisch ist alles weg! Erst als Matthäus, Klinsmann und Kohler in den Hunderterklub kamen, hat der DFB die DDR-Länderspiele wieder mitgezählt. Früher war das einfacher: Die Spiele, die der Fritz Walter fürn Adolf gemacht hat, die zählten, und aus die Maus. Dem Asamoah wurden die Länderspiele auch gleich angerechnet. Mal n Zeichen gegen Ausländerfeindlichkeit, gut, aber gleich so? Mit dem Namen! Asamoah klingt nach Dschungel pur. Und der sieht wirklich nicht aus wie ein deutscher Nationalspieler. Wieso kriegt der seine Länderspiele sofort angerechnet, Streich und Dörner aber erst nach langem Hin und Her? Sind wir jetzt etwa die Neger Deutschlands?

Ich bin kein Rassist, im Gegenteil. Ich hätt keine Probleme, so was aufzustellen. Ne schwarze Perle brauchst du heute einfach. Leider fühlen die sich bei uns in der Börde einfach nicht wohl. An mir liegts also nicht. Das wolln wir mal festhalten. Ich mach da keine Unterschiede zwischen den Ausländern – ob das nun Asylanten sind, Gastarbeiter, Juden, Neger, Polen, oder, oder, oder – spielt keine Rolle. Das sind Ausländer, und fertig. Und für mich sind alle Ausländer gleich. Wenn das keine moderne Einstellung sein soll, dann weiß ich auch nicht.

Die Wende hatte nur ein Gutes: Wir könnten jederzeit gegen Bayern München spielen. Jederzeit. Wenn dus im

Pokal weit bringst und sie dir dann zugelost werden. Hab ich meinen Spielern gesagt: Wir müssen uns wenigstens für Bayern München fit halten. Wenn uns die Bayern zugelost werden, dann müssen sie. Können sich nicht damit rausreden, daß sie als Bayern München gegen keine Unbekannten spielen wollen. Meine Spieler hat das nur mäßig interessiert. Dafür die Sponsoren. Ich hab denen erbarmungslos die Pistole auf die Brust gesetzt beim Sponsorengespräch. Sponsert uns lieber gleich, ehe ein anderer kommt und ihr zuguckt, wenn wir gegen Bayern München spielen.

Hat funktioniert. Die Brauerei wollte. Der gings gut! Wenns allen dreckig geht, wird viel gesoffen. Ich hatte keine moralischen Skrupel deswegen, daß wir vom Elend profitieren. Ist ja auch keiner auf die Idee gekommen, den Dänen zu unterstellen, sie seien Kriegsgewinnler, weil sie als

Nachrücker für Jugoslawien Europameister geworden sind. Fußball ist ein hartes Geschäft, da ist kein Platz für moralische Skrupel. Wir hatten endlich einen Sponsor. Mußten uns in Brauerei Börde umbenennen deswegen, als ob wir eine Thekenmannschaft … Ich hab auch für mich wieder was gefunden. Ich mach für die Brauerei den Wachschutz, nachts. Sitzende Tätigkeit. Gleich wieder zehne. Weihnachten auch. Da will ja keiner. Sitzen lieber bei ihren Familien. Mir macht das gar nichts.

Weihnachten ist für mich die schönste Zeit. Wenn im Fernsehen die Rückblicke kommen, Tor des Jahres – da werd ich sentimental. Bin nicht frei davon. Das Jahr geht zu Ende, Bilanz. Früher war Weihnachten immer schön. Meine Frau hat die Gans gemacht, und dann hat sie mich gerufen, zum Zerlegen. Mußt ich ran. War ja heiß, das Vieh. Aber …

Aber allein geht auch. Ja. Geht auch.

Was heißt Wachschutz, wenn da ein Kombi kommt, das ist überhaupt kein Problem, mal aus meiner Buchte rauszukommen und für n Fuffi n Faß rauszurollen. Privat, schwarz, ganz nebenbei, verliert man kein Wort drüber. Das hat die Brauerei bis jetzt nicht umgebracht. Aber daß die uns vielleicht nach nem Sieg mal ein Faß in die Kabine rollen – nix. Wir warten seit Jahren drauf. Aber da sitzt ne Frau in der Abteilung, so n weißes Büro, was sie sich selbst einrichten durfte – erzählte sie mir dreimal, mit Computer und diesem Vorhang, wo du zack machst **zeigt mit den aufgestellten Handflächen eine Drehung um neunzig Grad** – und dann kannst du durchgucken. Hab ich mir erlaubt, das Ding Vorhang zu nennen. Meint sie, daß das **pikiert** ein Sonnensegel ist. Sonnensegel! Ist mir doch egal. Ich mach nicht jeden neumodischen Kram mit. Soll sie doch in ihrem selbsteingerichteten weißen Büro sitzen und jeden Tag aufs neue vergessen, in was für ner Buchte sie früher gesessen hat. Von so einer weiß man doch, daß der jedes Verständnis dafür fehlt, mit wieviel Schweiß ein Sieg erkämpft ist. Der fällt von allein nicht ein, ihrer Mannschaft nach jedem Sieg ein Faß in die Kabine rollen zu lassen. Und wenn ich in ihrem weißdesignten Büro stehe mit meiner Wachschützermontur und vielleicht noch selbst Andeutungen in der Richtung mache – wer bin ich denn! So versessen bin ich nun auch nicht nach dem Bier. Wenn ich deren Bier will – ich weiß doch, wos steht. Da muß ich doch nicht vor dieser, dieser Sonnensegelmadame, muß ich doch nicht zu Kreuze kriechen, damit sie uns ein Faß Bier in die Kabine rollen läßt. Schlimm genug, daß sie hinter ihrem Sonnensegel überhaupt nicht begreift, mit wieviel Schweiß ein Sieg erkämpft ist.

Frauen und Fußball ist ein ganz finsteres Kapitel. Sie werden mich nicht dazu bringen, etwas Frauenfeindliches zu sagen, aber Fußball ist nichts für Frauen. Über Frauenfußball sage ich nur einen einzigen Satz. Mehr werden Sie zu diesem Thema von mir nicht hören. Nur einen Satz, und dann ist das Thema erledigt. Ja? Einen Satz: Sollnse spielen, soviel sie wollen, Gedankenstrich, aber sie sollen nicht erwarten, daß irgendeiner zuschaut. Ein Satz! Mehr gibts dazu wirklich nicht zu sagen. Und als Fußballpublikum sind Frauen sowieso völlig untauglich. Frauen verstehen den Fußball nicht, sie verstehen ihn zutiefst nicht. Weil Fußball zu gucken, erfordert ein Bekenntnis. Man ist für die oder die – und man kann auch während des Spiels wechseln –, aber man muß Partei ergreifen, sonst ist es langweilig. Und man muß sogar – ich sags Ihnen, wie es ist –, man muß sogar den Verstand abgeben und einen völlig sinnlosen Enthusiasmus einschalten. Das können Frauen nicht. Sie verstehen nicht, was einen Mann dazu treibt, Fußball zu gucken oder sich hinzustellen und Fußball zu spielen. Als meine Spieler älter wurden – so Jugend, Junioren – und mit der Freundin kamen – das war mir nie geheuer. Die Freundinnen wollten sie immer bloß vom Training abhalten oder von den Punktspielen. Ich hab das zigmal erlebt, daß es die Freundinnen auf die Frage hinauslaufen ließen, was wichtiger sei – sie oder die Mannschaft. Jungs, hab ich dann immer gesagt, Weiber gibts viele, aber uns als Mannschaft nur einmal. Meistens hats auch geklappt. Der Heiko kam mal mit einer, mit so langen glatten

Haaren und so nem Rock **langer Rock**. Ich kenn die Sorte. So ne Vegetarische. Ihr Bruder war bei mir Lehrling. Der mußte gehen, weil er in der vormilitärischen Ausbildung das Schießen verweigert hat. Ich hab ihm gesagt, er soll sonstwohin schießen, aber schießen muß er – nee, er schoß überhaupt nicht. Ich fasse keine Waffe an. Mußt er gehen. Und nun der Heiko mit der Schwester von so einem. Daß die nicht mit Fußball kann, das riech ich doch drei Meilen gegen den Wind. Was machstn da als Trainer, wenn du merkst, daß dein Spieler plötzlich rumspringt mit einer, die philosophiert und liest und so. Wenn so eine auf Samtpfötchen kommt und fragt: Warum spielstn Fußball – da biste doch erschossen als junger Mensch.

– Weil ich da Freunde habe.

– Und ich? Bin ich nicht viel mehr für dich?

Was machstn da als Trainer, wenn du so was kommen siehst, was machstn da? – Das geht nur psychologisch, knallhart. Hab den Heiko zum Kapitän gemacht. Die ganze Verantwortung, zack, fertig, da kommt er nicht weg. Der Heiko geht vielleicht von Bord, aber nicht als Kapitän. Ich kenn doch den Heiko. Seine Langhaarige hat bald das Interesse verloren. War auch besser so. Der machte es nur Spaß, n jungen Menschen zu verderben.

Er schaut zum Himmel.

Das jetzt gleich, das wird kurz, aber heftig. Und danach Sonne! Und die neue Mannschaft. Wenn man Jahrzehnte aufm Platz zubringt, da kriegt man ein Gefühl für die Natur, für ihren Rhythmus. Auch vom Rhythmus her muß mal wieder was runterkommen. Das Gras fühlt sich nicht gut an, so ohne Regen. Nachher wirds weicher, auch wenns erstmal feucht ist. Die Erde nimmt das Wasser, und gut is.

Dabei hab ich gar nichts dagegen, wenn mal ne Frau zuschaut – das kann Wirkungen haben. Wenn da eine ist, auf die ein paar scharf sind – das merke ich gleich. Ich rede mir wochenlang den Mund fusselig, wie die spielen sollen. Die Wirkung ist null. Aber am Sonntag, wenn wir spielen, fangen die plötzlich an zu zaubern, spielen wie die jungen Götter. Und wenn ich mich dann umdrehe, seh ich auf den ersten Blick, für wen sies tun. Für mich jedenfalls nicht. Ich würde ja gerne eine Masseuse dazuholen. Nicht puffmäßig, ganz seriös, mit ner Ausbildung. Aber jung muß sie sein, und so ein richtiges … Also, wo jeder mal ran will, Sie verstehn schon. So was gibts ja. Und der würde ich nach nem Spiel höchstens zwei Spieler zum Massieren reinschicken: Erstens, den Torhüter, wenn er den Kasten saubergehalten hat, und, zweitens, den Spieler, der unser letztes Tor geschossen hat. Ich sage Ihnen, so eine Mannschaft, die mit der Hoffnung spielt, daß so eine richtig scharfe Masseuse – seriös! – sie nach dem Spiel massiert, die ist unschlagbar, die gewinnt nur noch mit zu null.

Frauen können beim Fußball schon wichtig sein, an der richtigen Stelle. Sogar wichtiger als manche Männer. Bestreite ich ja gar nicht. – Und? Redet so etwa ein Frauenfeind?

Nur wenn sich was Festes anbahnt, dieses Ich-oder-dein-Fußball-Gekeife – da sind Frauen Gift für die Spieler. Aber bei Freistößen zum Beispiel, aus zwanzig Metern, laß eine zuschaun, der mein Spieler imponieren will –

da trifft der mindestens doppelt so gut wie ohne. Ist ne Tatsache. Einmal, Krafttraining, Winter, in der Halle, beim Klimmziehen, die Jungs hingen am Reck, waren fertig, konnten nicht mehr, knallrot, Adern geschwollen – und plötzlich geht die Tür auf und herein kommt so ne niedliche Handballtorhüterin, blond, mit nem Pferdeschwanz. Kam so rein, spielte ein bißchen mit ihrem Handball rum, ließ ihn auftrumpfen – und schaute, ob wir bald fertig werden. Da ging ein Ruck durch die Mannschaft, da waren sofort die Hormone da: Meine Jungs schafften alle noch einen, wenn nicht sogar zwei oder drei Klimmzüge. Meine Mannschaft ist nicht faul. Das war die pure Biologie, und ein Trainer muß sich das zunutze machen, dafür ist er schließlich Trainer.

Eine Frau, die einfach am Spielfeld steht und zuschaut, behaupte ich, kann die Fehlerquote durch ihre bloße Anwesenheit mindern – es ist sagenhaft. Gerade beim unterklassigen Fußball, wo das Spiel nur aus Fehlern besteht, wenn man genau hinschaut.

Es passieren ja die unglaublichsten Dinger. Entweder sie treffen das Tor nicht, oder sie treffen den Ball nicht. Was man da als Trainer manchmal durchmachen muß. Der Ball liegt praktisch auf der Linie – und der Spieler schießt ihn übers Tor. Das war schon rein schußtechnisch ein Unding. Ich wollt mir das nachher nochmal zeigen lassen, im Training, aber er hats nicht geschafft. Keiner aus der Mannschaft hat das geschafft. Oder der Ball lullert am leeren Tor vorbei – und drei Spieler haun daneben. Mit dieser Masseuse, verstehen Sie, würde das nicht mehr passieren. Wofür, ich frage Sie, wofür trainieren wir überhaupt, wenn im entscheidenden Moment drei Spieler bei einem

Lullerball danebenhauen? Oder Elfmeter, das ist ein ganz dunkles Kapitel. Stellen Sie sich mal auf einen Fußballplatz an den Elfmeterpunkt. Das Tor ist *so* groß – Sie denken, Sie können gar nicht vorbeischießen. Und trotzdem passierts. Auch bei den Profis. Bei denen gerade. Die besten Spieler schießen die schlechtesten Elfmeter. Ist ne Tatsache. Beim Europapokalfinale der Meister, bitte lassen Sie sich das auf der Zunge zergehen: Europapokalfinale der Meister, 1986, Barcelona gegen Bukarest. Was so ein spanischer Profi verdient – es ist der Wahnsinn, aber sie haben alle Elfmeter verschossen. Jahrzehntelange Auslese, Fußballschulen, Talentespäher, Wahnsinnsablösen, Trainerstar – und wofür? Daß sie keinen einzigen Elfmeter reinkriegen! Oder Uli Hoeneß. Wann immer es einen entscheidenden Elfmeter zu verschießen gab, ist er angetreten. Beckenbauer hat sich vor

Elfmetern gedrückt. Der wußte schon, warum, der hat nämlich auch jeden zweiten verschossen. Beckenbauer hat mehr Eigentore in seiner Bilanz als verwandelte Elfmeter. Ist auch schon vorgekommen, daß ein Spieler, Nationalspieler, in einem Spiel drei Elfmeter verschossen hat. Es ist sogar schon vorgekommen, daß ein Spieler beim Elfmeter den Ball nicht getroffen hat. Ein Profi. Ein Amateur vielleicht auch, aber da würde sich ja keiner wundern. Der hat den Ball nicht getroffen. Nicht richtig. Der Ball kullerte aufs Tor zu. Und ging sogar rein. Weil der Torhüter, Profi, Nationaltorhüter, schon in eine Ecke gesprungen war, als der Schütze das Bein schwang. Allerdings in die falsche. Der landete in der falschen Ecke, der Nationaltorhüter, sah aber den Ball in Richtung andere Ecke kullern. Und wie der so aufs Tor zukullerte, meinte er, den kriegt er noch –

und sprang in die andere Ecke. Er hats aber nicht mehr geschafft. Das ist Fußball!

Oder nehmen Sie diese Torwand. Seit über dreißig Jahren gibts dieses Ding, und alles, was Rang und Namen hat, war schon dran. Sowie einer drei gute Spiele macht, schießt er im Sportstudio auf die Torwand. Sechsmal, aus sieben Metern. Drei oben, drei unten. Und nicht ein einziger hat sechs Treffer gehabt. Kein Beckenbauer, kein Pelé, kein Basler, kein Netzer. Der hatte immerhin fünf. Mike Krüger hatte vier. Wie Rudi Völler. Und es gab zahllose Profis – auch Nationalspieler! –, die nicht ein einziges Ding in der Torwand untergebracht haben. Wolfgang Overath, Fußballweltmeister – null Treffer. Nur mal so als Beispiel. Eusebio, Fußballer Europas – null Treffer. Pelé, Fußballgott – ein Treffer.

In der Atomphysik, da schießen die Wissenschaftler –

alles Professoren übrigens –, die schießen mit Teilchen aufeinander, die sind so klein, daß sie praktisch gar nicht da sind und nur theoretisch existieren. Keine Ahnung, wie die heißen, aber vielleicht haben die auch keinen Namen, weil es Quatsch ist, etwas zu benennen, was nicht existiert. Aber diese Wissenschaftler – alles Professoren – können diese theoretischen Teilchen sogar hernehmen und aufeinander schießen, gegenseitig. Und davon machen sie noch Fotos! Auf denen sieht man sogar was, obwohl die Ereignisse – die Wissenschaftler nennen es Ereignisse – kürzer sind, als es klick macht. Ich hab keine Ahnung, wie die das anstellen. Ist bestimmt nicht einfach. Ein Foto mit etwas, was nicht stattfindet, zwischen Teilchen, die nicht existieren – das konnte nicht mal die Stasi. Aber die können das. Und nicht nur Fotos. Die mit dem Urknall sind von derselben

Fraktion. Die Wissenschaftler heutzutage, die wissen nicht nur, daß es einen Urknall gegeben haben muß, sondern sie wissen auch, wann er war und was zum Beispiel vier Tausendstel Sekunden nach dem Urknall passierte. Ich hab die spätabends im Fernsehen gesehen, und ich sage Ihnen, die konnten einen schon schwindlig reden. Daß alles, die ganze Welt, Sterne, Universum, alles, was Sie hier sehen, was Sie in den Händen gehalten haben und noch halten werden, Berge, Meere – daß alles vor Milliarden von Jahren nur in einem winzigen Punkt enthalten war, der zig Millionen Grad heiß war, Billionen von Tonnen wog und mit Lichtgeschwindigkeit auseinanderflog, wobei er sich beim Auseinanderfliegen auch noch sortierte … Können Sie sich das vorstellen? Ich hab jedesmal damit zu tun, mir das vorzustellen, aber diese Professoren, die reden da ganz locker drüber.

Und was kommt dabei rum für so nen Wissenschaftler? Ich weiß es nicht genau, aber eins weiß ich: Von denen verdient keiner auch nur die Hälfte von dem, was jeder Bundesliga-Profi verdient, und alles, was die können sollen, ist Bälle ins Tor zu schießen, aber das können sie ja nicht. Nicht mal an der Torwand, aus sieben Metern, wenn der Ball liegt, wenn sie Zeit haben, niemand angreift und kein nervlicher Druck da ist – selbst dann können sie es nicht. So gehts zu auf der Welt: Die einen können die kompliziertesten Dinge, die anderen nicht mal das Einfachste. Und die Nichtskönner verdienen natürlich mehr.

Eigentlich ist Fußball ja wegen der Evolution. Das hätten Sie jetzt nicht gedacht, ist aber ne Tatsache. Evolution ist ein Begriff, denk ich mal, also Steinzeit, Neandertaler, Schimpanse, Sie wissen Bescheid. Wir haben ja vor Jahrmillionen auf Bäumen gehockt, in Asamoahs Heimat, haben die Früchte abgefressen, und als der Baum leergefressen war, mußten wir zum nächsten. Durch die Savanne, das Gras so hoch – und es wimmelte von Löwen, Leoparden, Hyänen, die nur darauf warteten, uns anzufallen. Und im hohen Gras hatten die gute Chancen. Wir mußten den Kopf hochkriegen, um zu sehen, wo da wer schleicht. So ist es zum aufrechten Gang gekommen bei uns, mehr oder weniger. Auf den Füßen sind wir gegangen, aber die Hände hatten wir seitdem frei, und damit haben wir so mit Werkzeug, oder getöpfert, klar, muß ja auch sein, oder Klavier gespielt, Mozart, Bach, Beethoven – alles, oder – genau! – Handball gespielt. Die Hände wurden immer geschickter. Die Füße nicht. Und trotzdem wurde 1867 der englische Fußballverband gegründet und ein Jahr später die erste

Meisterschaft ausgespielt. Obwohl von der Evolution her die Füße nur zum Laufen da sind. Der Mensch an sich ist doch überhaupt nicht in der Lage, von Natur aus nicht, Fußball zu spielen. Ist doch völlig gegen unsere Bestimmung. Nehmen Sie das Gehirn. Das hat für ganz bestimmte Aufgaben ganz bestimmte Positionen, haben Wissenschaftler herausgefunden. Alles Professoren. Weil im Krieg mal ein Soldat ins Lazarett eingeliefert wurde, der von ner Kugel im Kopf getroffen war und alles vergessen hatte. Ansonsten gings ihm gut. Kugel im Kopf, quietschfidel, aber alles vergessen. Es war ein totales Phänomen, und weils im Krieg immer Simulanten gibt, ist der den zuständigen Organen übergeben worden. Den hamse an anderer Stelle untersucht. Aber er war kein Simulant. Die Wissenschaftler, alles Professoren, die haben herausgefunden, daß genau da, wo die Kugel im Gehirn steckte, die Position des Gedächtnisses sein muß. Aber warum soll nur das Gedächtnis seinen Sitz haben? So kam der Stein ins Rollen. Jeder Gehirnchirurg oder Psychoanalytiker oder so kann das bestätigen. Da gibt es eine Region – oder was heißt Region, das heißt vielleicht auch Sektor oder Lappen, also Stirnlappen oder Schläfenlappen, und ich drück mich jetzt mal fachmännisch aus, weil es *ist* kompliziert. – Da gibt es einen Lappen für die Finger oder für die Hände, und der ist im Vergleich ziemlich groß. Ich weiß nicht, wie die das rausgekriegt haben, die Wissenschaftler, die können ja nicht ihren Testpersonen Kugeln in den Kopf geschossen haben. Aber angeblich soll es stimmen. Zunge und Lippen haben auch große Lappen. Denkt man gar nicht, aber das hat was mit dem Sprechen zu tun. Fürs Sprechen müssen Lippen und Zunge unglaublich geschickt sein. Wir merken das gar nicht, das geht ganz von allein. Aber die Beine und Füße sind so groß, aber ihr Lappen im Gehirn ist viel, viel kleiner, sogar noch kleiner als der für die Augen. Die Augen können, gehirnlappentechnisch gesehen, mehr als die Beine und die Füße zusammen. Lippen, Zunge, Finger, Hände – alle können mehr als die Füße –, und wir spielen Fußball. Wir können es doch gar nicht! Deshalb müssen die Tore so groß sein. Als ob das was bringen würde – trotzdem werden Elfmeter verschossen. Weil wir es nicht können, von Natur aus nicht. Wir haben einfach zu wenig Fuß im Gehirn, von der Evolution aus, und der ist es doch scheißegal, ob wir Fußball spielen wollen! Der Mensch ist nach fußballerischen Gesichtspunkten eine einzige Fehlkonstruktion, eine Mißbildung. Und zwar jeder, ohne Ausnahme! Wenn einer groß ist, geht er zum Basketball, wenns Töchterlein nicht wachsen will, kann sie Turnerin werden, die Dicken werden Kugelstoßer und die Dünnen Marathonläufer. Aber beim Fußball spielt ALLES mit: Dicke, Dünne, Große, Kleine, Krummbeinige ... Die besonders! Aussehen spielt keine Rolle – weil du beim Fußball sowieso nur versagen kannst. Denken Sie daran, wenn mal wieder ein Spieler aus einem Meter Entfernung übers leere Tor schießt – ist alles schon vorgekommen! –, wenn ein Torhüter bei einem müden Rückpaß ein Tor kassiert, weil er über den Ball schlägt, oder ... Wissen Sie, ich bin seit dreißig Jahren Trainer, und ich sage Ihnen: Das ist das Fußball-Gefühl. Wir können es nicht. Für so was wie Fußball ist der Mensch einfach nicht geschaffen. Ein Fußballer ist zum Scheitern verurteilt. Und ein Fußballtrainer erst recht, wenn er seinen Leuten jahrelang – Kinder, Knaben, Schüler, Jugend, Junioren, bis Männer – etwas beibringen will, was sie nie können, weil sie es nie können können.

Nur begriffen hats noch keiner. Weil – es ist doch gang und gäbe, daß wir immer Dinge versuchen, die wir sowieso nicht können. Wir finden es doch alle völlig normal, uns mit den vergeblichsten Dingen zu befassen – stundenlang, monatelang, ein Leben lang! Es gibt zig Millionen Computer, davor sitzen zig Millionen Menschen, und alle stöhnen: Was hat er denn jetzt? Spinnt der? Wieso macht der das nicht? Diese Schrottfirmen verkaufen von vornherein Schrottkisten, die nicht funktionieren. Nach dem Motto: Die Schwachstellen findet der Kunde. Aber anstatt diesen Computerheinis ihren unausgegorenen Mist um die Ohren zu hauen, setzen wir uns hin und versuchen, die Chose zum Laufen zu bringen, obwohl wir genau wissen, daß wir es nicht können. Und so vergeht der Nachmittag und der halbe Abend. Oder Sie versuchen monatelang, die Börse zu ergründen, und wenn Sie es weit bringen, dann sind Sie ein Börsenguru – aber trotzdem macht die Börse immer, was sie will, und nie, was Sie vielleicht glauben. Oder Sie versuchen ein Leben lang, abzunehmen. Ach! So viele Bücher, so viele Zeitschriften, Kuren, Medikamente, Sportgeräte – und so viele Dicke! Ananas-Diät, Frühlings-Diät, Spargel-Diät, Nulldiät, Saft-Diät, Herbalife, Trennkost, Sauerkraut-Diät. Nach jeder Diät haben Sie zwei Kilo mehr drauf. Sinnlos! – Es ist vergeblich, aber Sie versuchen es trotzdem. Da hätten Sie auch Fußballer werden können. Das ist es nämlich, was wir dem Fußball zu verdanken haben: Wir verlangen von uns ständig das, was wir nicht können. Wir sind völlig abgestumpft gegen das Vergebliche. Nur wegen Fußball!

Denn rein von der Evolution her kamen wir von den Bäumen runter, nahmen die Füße zum Laufen, die Hände für alles übrige, Töpfern, Mozart, Beethoven – wir wußten, wie wir klarkommen in der Welt. Die großen Tragödien waren Kriege, Seuchen und Naturkatastrophen. Bis 1867. Da haben wir plötzlich angefangen, Fußball zu spielen. Das sah alles ganz harmlos aus. Die ersten Zeitungsberichte kann sich jeder vorstellen: „Auf einer Wiese in Dartsworth haben sich am Sonntagnachmittag ungefähr zwei Dutzend Männer zu einer sonderbaren Betätigung verabredet: In zwei Mannschaften aufgeteilt, versuchten sie bis zur völligen Erschöpfung, einen Ball durch in entgegengesetzter Richtung aufgestellte Tore zu befördern, wozu jedoch ausschließlich die Füße eingesetzt werden durften. Die öffentliche Ordnung wurde nicht gefährdet, und so sah die herbeigerufene Polizei keinen Grund, das Treiben zu unterbinden.« Irrtum! Die hätten alle erschossen werden müssen! Die öffentliche Ordnung wurde auf das Äußerste gefährdet! Gefährdet? Sie wurde komplett zerschlagen. Denken Sie nur an die Zuschauer. Die fanden das am Anfang noch komisch. Haha, werden die gerufen haben, die spielen den Ball mit den Füßen statt mit den Händen. Haha, die spielen den Ball mit viel Bums und wenig Präzision. Die Bälle fliegen weit, weit, weit ... am Tor vorbei. Die ersten Zuschauer sind gekommen, um sich ein abnormes Spiel anzuschauen. Aber wer mit Fußball aufgewachsen ist, wer also quasi ins Perversenhafte hineingeboren wurde, will ich mal sagen – der hatte doch überhaupt keine Chance mehr, das abnorm zu finden. Und wer das nicht abnorm findet, der findet gar nichts abnorm. Ist ne Tatsache! Und ob das ne Tatsache ist! Dann reden wir mal von den Tatsachen! Wenn eine Concorde abschmiert, dann sag ich nur: Siehste. Wir als Menschen, wir haben nichts da oben zu suchen, schon gar nicht mit Überschallgeschwindigkeit. Oder wenn ein U-Boot mit hundert Kameraden absäuft – genau dasselbe. Eine Hundertschaft Matrosen hat nichts auf dem Boden des Meeres verloren. Und mit den Genen, das gibt erst ein Theater. Da forschen sie ja wie die Blöden. Soll gut sein gegen Krankheiten, Alzheimer und so weiter. Aber wenn wir nicht mehr krank werden, was bremst uns denn überhaupt noch, als Menschheit jetzt, das Übrige zur Sau zu machen? Keinen juckts, keiner ruft: Abpfiff! – ist ganz normal, wenn ein Flugzeug abstürzt oder ein U-Boot absäuft. Dann fragt man nach den Ursachen, und es heißt, es war was am Triebwerk oder ein Feuer an Bord – aber die Ursache ist Fußball. Denn seit Fußball machen wir das, was wir nicht können. Und zwar mit viel Bums und wenig Auge. Das ist das Fußball-Gefühl. Seit 1867 hat es die Welt verändert, und es wird uns den Untergang bringen. Jawohl, den Untergang!

Das mit der Natur, das ist ewig. Die Natur ist so scheißewig und so groß.

Ein starker Regen setzt ein.

Man müßte alle Bälle erstechen, die Stadien planieren und die Torpfosten schreddern. Die Netze zerfetzen, daß nur noch die Knoten übrigbleiben. Im Fernsehen dürften nur noch Tierfilme kommen und keine Fußballübertragungen. Die Reporter müßten Marktschreier werden und die Spieler …

Für meine Spieler hab ich was übrig. So einen Spieler aufzubauen, das ist schon was. Kinder, Knaben, Schüler, Jugend, Junioren – bis Männer. Der Heiko kam in die Mannschaft mit neun, also Knaben. So lange kenn ich den Heiko. Absolut zuverlässig als Manndecker. Wenn ich dem gesagt habe, bleib an dem Zehner dran – dann blieb der da auch dran. Und der Zehner kam nicht durch, um keinen Preis. Einmal, ich glaub, es war Schüler, als Heiko Schüler war, da lief einer allein aufs leere Tor zu, war durch. Hab ich gedacht **brüllt** Haun um! **normal** Und Heiko hatn umgehaun. Gab Rot, klar – aber ich dachte, so ist der Heiko. Ne treue Seele. Immer zum Training ist er gekommen, bei Wind und Wetter. Ich hab ihn bei der Jugend zum Kapitän gemacht, und dann blieb er es auch, bis zur Einberufung. Es gab lange Diskussionen: Ob er anderthalb Jahre geht, oder drei. Jeder Trainer will natürlich, daß sein Spieler nach anderthalb Jahren wiederkommt, aber bei drei Jahren, als Unteroffizier, da hat man doch Verantwortung, da lernt man doch, sich durchzusetzen! Als Unteroffizier muß man auch mal brüllen. Und das war das einzige, was der Heiko nicht konnte, nicht wahr. Er war jetzt nicht der Typ, der heimlich Gedichte schreibt, das nicht – aber Brüllen konnte er nicht. Das war sein einziges Manko. Der ist immer ran zu den Mitspielern und hat gesagt: Deck mal den kurzen Pfosten. Daß der übern Platz brüllte **brüllt und gestikuliert** Andi, kurzer Pfosten, ab! – **normal** das war eher mein Stil. Ich dachte, vielleicht lernt er es da. So ein Kapitän aufm Platz – der heißt nicht umsonst Kapitän. Der muß die

Mannschaft motivieren, von dem hängt alles ab. Wenn der Kapitän versagt, kannste die Mannschaft vergessen. Da brauchen sie gar nicht aufzulaufen. Er war damals Junioren, als er die Musterung hatte. Wer für drei Jahre geht, kann sich aussuchen, wo er hingeht. Wer anderthalb geht, kommt als kleiner Mucker in die Pampa, nach Drögeheide. Das hieß wirklich *Dröge-heide*. Ich hab gesagt, er soll lieber drei Jahre gehen und in der Nähe bleiben, dann kann er am Wochenende aufn Platz kommen, gucken, wie die Mannschaft spielt, der Kontakt reißt nicht ab. Als Mucker in Drögeheide kommste zweimal im halben Jahr raus, und das wars. Aber wenn er drei Jahre geht und in der Nähe bleibt … Und bei uns in der Nähe waren eben nur die Grenztruppen.

Hat sich die Ausgänge immer so gelegt, daß er draußen

war, wenn wir spielten. Spielberechtigt war er nicht, aber auf der Bank hat er trotzdem gesessen, und natürlich kam er auch mit in die Kabine. Achtundachtzig, zur EM, haben wir zusammen ein paar Spiele gesehen. Als die Holländer den Westen noch mal so richtig aufmischten. Da hat der Heiko bei mir zu Hause aufm Sofa gesessen. Hatte Sonderurlaub. Und wie der Jürgen Kohler den van Basten von den Beinen holte, hat er mir gesagt: Trainer, ich hab einen umgehaun. Das hatte ich mir schon gedacht. Gab ja nicht viele Gründe für Sonderurlaub. Heiko, hab ich zu ihm gesagt, wir haben uns diese Welt nicht ausgesucht. Ist nicht deine Schuld und auch nicht meine, daß die Welt so ist. Was solls – der erste war er nicht, und der letzte auch nicht. Und damit war die Sache für mich erledigt. Was soll ich denn mit nem Käptn, der stets und ständig an sich zweifelt. Fürn

Heiko wars auch gut, daß er sich mal ausgesprochen hatte. Als Trainer muß man doch da sein für seine Jungs, wenn die was auf dem Herzen haben.

Die ganze Scheiße fing erst an, als die Mauer gefallen war. Für Heiko war das mit dem Mauerfall ... Da macht er einen um an der Grenze, und ein Jahr später ist es vorbei – das ist doch nix. Wenn sie stehengeblieben wäre, immer noch – dann gut. Aber so schnell danach. Von mir aus war das nicht nötig. Mir hat bis heute noch keiner erklärt, was ich in Italien soll, allein. Ich kann auch drauf verzichten, nach England zu fahren und mich mit Links- oder Rechtsverkehr durcheinanderbringen zu lassen. Na ja, wenn sie meinen – aber fürn Heiko war das nicht gut.

Und eines Tages fällt denen ein, ihn anzuklagen. In Berlin. Ich hatte endlich die Mannschaft wieder zusammen, wir hatten eine Super-Saison. Und wenn wir das letzte Spiel nicht verlieren, würden wir aufsteigen. Ganz klare Ausgangssituation. Das Spiel wurde auf nen Dienstag verlegt, weil der Schiedsrichter – ah, das hab ich ja schon erzählt. Und ausgerechnet an diesem Dienstag ist der letzte Tag vom Prozeß. Ich hab den Heiko gefragt, ob er das auch schafft zum Anpfiff, und das konnt er mir nicht sagen. Ob er unbedingt hin muß, hab ich ihn gefragt – er wird *hier* gebraucht. Es war der letzte Tag, der mit den Plädoyers, und wo man gefragt wird, ob man noch was sagen will, und wo man sagen muß, das es einem leid tut. Klar, da mußte er da sein, was macht das für einen Eindruck, wenn der Angeklagte am letzten Tag fehlt. Das Urteil steht ja da noch nicht fest, angeblich, im sogenannten Rechtsstaat, und deshalb hab ich den Heiko schon verstanden. Also gut, hab ich gesagt, ich fahr dich. Hundertsiebzig Kilometer. Ich bring dich direkt ausm Gerichtssaal aufn Platz. Die Klamotten tun wir hinten rein, umziehen kannste dich unterwegs. Als Trainer muß man das machen, weil der Heiko in der Abwehr, der ist einfach ne sichere Nummer, den brauch ich in einem Spiel, das wir nicht verlieren dürfen.

Auf die Art war ich am letzten Tag dabei und hab das alles gesehen. Die Richterin, die keine Ahnung hatte, sich aber total unparteiisch geben mußte, natürlich, und die ganzen Presseleute – ich bin kaum reingekommen, ich als Trainer, der den Heiko schon kennt von Kindesbeinen an! Heiko hat sich gefühlt, als hätt er das Verbrechen des Jahrhunderts begangen. Da bin ich aufgestanden in diesem Affenzirkus und habe gesagt, daß ich den Heiko kenne, seit er mit neun in die Mannschaft kam, daß ich sein Trainer bin und daß ich hiermit unter Eid aussage, daß der Heiko einfach ne andere Beziehung hat zu Autoritäten; der macht, was man ihm sagt, und fragt nicht und diskutiert nicht herum – aber diese Richterin, die keine Ahnung hat – ich sag nur Vergatterung –, diese Richterin wollte mich unterbrechen, aber ich hab mich nicht unterbrechen lassen, sondern hab noch gesagt, daß der Heiko das nicht von sich aus gemacht hat, sondern weils andere wollten – das hab ich alles gesagt! –, und daraufhin hat sie mich rausschmeißen lassen. »Und so was ist nun Gerechtigkeit!«, sag ich. »Wollt ihr mich nicht gleich mit anklagen? Da setz ich mich doch neben ihn auf die Bank, hier **Er streckt die Hände vor, als wolle er sich Handschellen anlegen lassen**, das macht mir doch gar nichts!« Die Schöffen mußten so tun, als hätte ich gar nichts gesagt, also die mußten in ihrem Gehirn löschen, was ich gesagt habe. Okay, was solls. Ich hab mich dann ruhig verhalten, ich wollt ja auch, daß die fertig werden da drin. Und wies zu Ende war, sind die ganzen Reporter los auf den Heiko. Der war schon froh, daß ich da war. Aber trotzdem war er psychologisch angeknackst. Ich versteh was von Psychologie, als Trainer muß man sich mit Psychologie absolut auskennen, sonst braucht man gar nicht erst anzufangen. Im Auto haben wir wenig gesprochen. Ich wollt wissen, ob der andere, der ... ob der Sport gemacht hat. Ja, sagt Heiko, Kraftsport. Kraftsport! Ist doch wirklich die idiotischste Sportart. Das paßt prima zusammen – Kraftsport, und dann auf die Grenze losrennen.

Wir haben es geschafft zum Anpfiff, rechtzeitig, aber er war psychologisch angeknackst. Der Gegner, das war n sogenannter Frühstücksgegner – aber an dem Tag liefs nicht. Heiko spielte wie mit ner Kugel am Bein. Drei Minuten vorm Abpfiff stehts zweizwei, und plötzlich sind die durch, rennen aufs Tor zu, die Abwehr – offen. Nur noch der Torwart – und Heiko. Der kommt an Heiko vorbei, Heiko ihm nach, und ich denke **brüllt** Heiko, haun um! **normal** Nicht nur gedacht. Ich hab gebrüllt: Heiko, haun um! – Hätte Freistoß gegeben und natürlich für Heiko die Rote Karte, aber die letzten drei Minuten wären wir auch zu zehnt über die Zeit gekommen. Ich war wirklich laut genug, er hat mich gehört, er hat mich immer gehört – aber er hats nicht gemacht. Der schiebt uns das Ding rein, wir liegen dreizwei zurück und verlieren das Spiel. Aufstieg? Futsch. Hinterher, in der Kabine, hab ich den Heiko gefragt, warum er das nicht gemacht hat, es ging für die Mannschaft um alles, um den Aufstieg. Wir hätten in ner ganz andern Liga gespielt. So weit oben wie nie. Da fing der Heiko tatsächlich an zu heulen. Ein erwachsener Mann. Heulte wie damals mit neun.

Der Trainer steckt sich eine Zigarette an.

Heiko, hab ich gesagt, ist doch nur n Spiel. Als Trainer muß man immer die richtigen Worte finden, in jeder Situation – sonst braucht man gar nicht erst anzufangen.

Aber diese Gerichte verstehen nicht das mindeste von einer Spielerpersönlichkeit, an der ein Trainer jahrzehntelang gearbeitet hat. Zwei Jahre auf Bewährung hat er gekriegt. Bewährung! Gespielt hat er, als ob er abgeht, wenn er mal gelb sieht. War nicht mehr der alte. War nicht mehr der alte. Hatte keinen Sinn mehr.

Der Regen hört auf.

Aber es kommen ja neue. **Kindergeschrei, das lauter wird**
Die Bayern haben die Champions League gewonnen. Das machste psychologisch, die Begeisterung mußt du nutzen, die Sache mußt du am Kochen lassen. Mit der Mannschaft wächst du mit, da bleibst du dran …

Das anschwellende Kindergeschrei übertönt seine Worte. Der Trainer pfeift in seine Trillerpfeife und verschafft sich damit Gehör. Er wendet sich an die Kinder.

Männer! Fußball ist alles!